AF230372

LE

RÉGIME PARLEMENTAIRE

ET

LA CENTRALISATION

LE
RÉGIME PARLEMENTAIRE

ET

L'CENTRALISATION

PAR

R. LANÇON

CONSEILLER DE LA PRÉFECTURE DE LA SEINE

« On ne détruit que ce que l'on remplace.
« Pour détruire l'esprit révolutionnaire, il faut
« le remplacer par un autre esprit. »

NAPOLÉON Ier.

AUX MEMBRES DU SÉNAT ET DU CORPS LÉGISLATIF
ET A LA PRESSE FRANÇAISE

PARIS

GARNIER FRÈRES, LIBRAIRES-ÉDITEURS

6, RUE DES SAINTS-PÈRES, ET PALAIS-ROYAL, 215

1870

LE RÉGIME PARLEMENTAIRE

ET LA CENTRALISATION

Les événements nous ont conduits à une nouvelle expérience du régime parlementaire.

Il faudrait ne pas comprendre la situation où nous sommes, et ne se sentir au cœur aucun patriotisme, pour ne pas désirer que cette expérience réussisse et qu'elle n'ajoute pas à nos mécomptes de nouveaux mécomptes.

De notre temps, dans une société sans esprit politique comme la nôtre, sur un sol toujours mouvant et tremblant, tel que l'ont fait nos révolutions, dans un pays enfin de suffrage universel, de centralisation, de prétendants, de partis antidynastiques, c'est une entreprise périlleuse et glorieuse à la fois, que le rétablissement du gouvernement parlementaire dans des conditions sérieuses de stabilité et de sécurité. Il faut honorer et acclamer avec bonheur l'avénement, au pouvoir, des hommes éminents qui se sont vaillamment dévoués à ce grand œuvre et qui, dans leur foi profonde et généreuse, ne désespèrent pas de triompher de tous les obstacles. C'est de la politique honnête de se rallier, de se resserrer autour d'eux, de les seconder, de les fortifier de toutes les sympathies, de tous les vœux, de tous les efforts; c'est l'intérêt de tous que le concours de tous leur soit assuré. Nous devons être avec eux et unis à eux par le cœur et par l'esprit. Il faut qu'ils réussissent; il y va de notre considération comme nation; l'honneur de la France est engagé; il s'agit d'empêcher que l'événement puisse faire dire encore une fois que nous ne sommes pas changés et que nous sommes toujours des révolutionnaires sans le savoir et sans le vouloir.

C'est donc le devoir de tout bon citoyen de travailler, dans la mesure de ce qu'il peut, à ce que l'expérience nouvelle se fasse dans les conditions les plus propres à en assurer le succès.

A ce point de vue, ce qu'il importe de démontrer, c'est l'erreur presque générale qui consiste à croire que, si le régime parlementaire n'a pas réussi aux précédents gouvernements, cela tient à des fautes et à des situations qui leur étaient personnelles.

Non, ce ne sont pas les hommes qui ont manqué au régime parlementaire, ni les grands talents, ni les grands caractères, ni les intentions les plus généreuses, les plus résolues, ni les princes habiles, ni la prospérité matérielle, ni la popularité à certains jours ; non, ce ne sont pas des incidents qui ont déterminé les catastrophes de ce régime ; ce qui en a fait l'insuccès, les épreuves douloureuses, funestes, tient à une cause plus profonde, à la nature elle-même de notre état politique : c'est qu'il y a une incompatibilité organique entre le régime parlementaire et notre système de centralisation.

Cette démonstration, je l'ai déjà faite ailleurs[1]. J'ai pensé qu'il n'était pas trop tard pour présenter encore une fois quelques observations à ce sujet ; je le ferai en quelques mots seulement, et, autant que je le pourrai, sous la forme la plus saisissante.

---

[1] *Essai sur l'esprit politique et l'esprit de parti dans les assemblées françaises. — Des lois de liberté et de leur durée en France. — Appel à la majorité.*

I

C'est par la liberté que se produit et se développe l'activité politique d'une nation.

Sur ce point, pas de doute.

Mais cette activité politique se produit et se développe dans des conditions différentes, suivant qu'il s'agit d'un pays de centralisation ou d'un pays de décentralisation.

Dans les pays de décentralisation, la province, la commune sont indépendantes du pouvoir central, excepté, bien entendu, pour les intérêts généraux et nationaux. La province, la commune organisent et administrent, comme elles l'entendent, leurs travaux publics, leurs finances, leur instruction publique, leur magistrature, leurs beaux-arts, leur police ; elles ont la nomination de tous les agents, de tous les fonctionnaires de l'ordre administratif et judiciaire.

On comprend sans peine à quel point, la gestion et la discussion de tels intérêts doivent passionner les esprits dans toutes les localités, y faire naître des luttes ardentes et créer partout des foyers politiques partiels qui, offrant aux ambitions locales un aliment suffisant, les attirent, les retiennent et les fixent.

Pendant que ces ambitions sont ainsi satisfaites et occupées sur place, elles ne sont pas portées à se passionner pour des questions de politique générale et de constitution ; elles n'en ont ni le loisir, ni le goût, ni même la pensée. Elles sont trop absorbées par le soin des intérêts qui sont le plus près d'elles, qui les touchent le plus et qu'elles sentent être leurs intérêts les plus immédiats, pour s'en distraire et se complaire dans des controverses sans fin sur le gouvernement, son origine, son système, sur les vices de la constitution, sur la personnalité du chef de l'État, sur sa dynastie, ses tendances, ses droits, ses actes.

Dans de tels pays, la liberté peut être sans mesure, parce qu'elle y est sans danger. Elle y est sans danger, parce que l'activité politique qu'elle produit, si grande, si croissante qu'elle puisse être, s'y exerce toujours dans les mêmes conditions. Elle s'exerce et se dépense dans la discussion et la lutte des intérêts locaux, en se divisant, en se localisant sur tous les points ; elle ne s'étend pas au delà ; elle ne s'attaque pas à la constitution, au chef de l'État; il s'ensuit que le chef de l'État et la constitution sont toujours hors de cause et restent forts et respectés.

C'est ainsi que la décentralisation peut supporter la forme de gouvernement qui produit la plus grande somme d'activité politique, c'est-à-dire la forme du gouvernement parlementaire. Cette activité, s'exerçant, par l'effet de la décentralisation, dans les conditions que je viens d'indiquer, ne met en péril ni l'ordre ni la liberté; elle profite, au contraire, à tous les deux.

Tels sont les États-Unis, l'Angleterre, la Belgique, la Hollande, la Prusse, l'Autriche...

Si l'on veut que la France prenne pour modèles ces nations, si l'on demande qu'elle leur ressemble pour leur gouvernement parlementaire, il faut qu'elle commence par leur ressembler, d'abord, pour leur organisation politique, c'est-à-dire pour leur décentralisation. Toutes ces nations sont décentralisées; la France seule ne l'est pas. De là, entre la France et ces nations, des différences politiques que les limites de ce travail ne me permettent pas d'expliquer toutes, mais dont j'expliquerai les principales.

La décentralisation fait la presse inoffensive, sinon impuissante; elle la destitue de toute prépondérance. L'activité politique s'absorbant, s'épuisant dans les luttes de la vie communale et provinciale, on est peu attentif, dans chaque localité, aux articles des journaux. Leur influence est contre-balancée par les influences locales qui naissent de ces luttes mêmes. La presse n'est pas souveraine, parce qu'elle ne règne pas seule. Son action est combattue, affaiblie par celle des corps politiques qui existent dans la province, dans la commune. L'opinion publique n'est donc pas faite par les écrivains; il se dégage, il se forme une opinion dans chaque foyer politique partiel, dans chaque province, dans chaque commune, par l'action des corps politiques et des pouvoirs locaux, par l'effet de l'activité politique localisée et divisée. Ce sont toutes ces opinions partielles ainsi formées par la discussion, par le gouvernement des intérêts locaux, qui concourent à la formation de l'opinion publique, laquelle en est comme la résultante. Dès lors, l'opinion n'est pas faite par la presse, par Paris ; elle est faite par toutes les communes, par toutes les provinces; il y a une opinion qui n'est pas celle d'une minorité, mais celle de la nation : il y a une nation.

II

Dans les pays de centralisation, les choses se passent tout autrement.

Là, l'activité politique n'est pas appelée, retenue dans la commune, dans la province, par la discussion et la lutte des grands intérêts communaux et provinciaux ; ces intérêts sont sous la dépendance exclusive du pouvoir central. Il en résulte que toute l'activité politique de la nation, ainsi sans aliment et sans but dans les départements, devient comme un courant qui ne rencontre rien sur son passage pouvant lui faire obstacle, le retenir et le détourner, et qui, dès lors, en se précipitant, va droit et se concentre tout entier sur un seul but, le chef de l'État. Le chef de l'État devient l'objectif unique et permanent de toute l'activité politique du pays ; il est le point de mire de toutes les attaques, de toutes les manœuvres, de toutes les combinaisons, de toute la stratégie des politiques. Il est la cible universelle et perpétuelle. C'est lui qui reçoit tous les coups, et on ne vise que lui. C'est contre lui que s'affirment et s'exercent tous les droits, toutes les libertés. Toutes les questions deviennent des questions constitutionnelles ; dans toutes, directement ou indirectement, on met en cause le chef de l'État et la constitution.

On conçoit qu'il n'y ait pas un pouvoir, au monde, qui, soumis tous les jours, sans trêve et sans merci, à de tels assauts, à une telle trépidation, ne doive finir par succomber. Sa chute ne peut être qu'une question de temps.

C'est la centralisation qui fait la toute-puissance de la presse ; c'est la centralisation qui fait que cette puissance règne en souveraine, sans avoir à compter avec aucune influence rivale. Une influence rivale, pouvant combattre l'action de la presse, lui faire concurrence en quelque sorte, la tenir en échec, la neutraliser, la pondérer, une telle influence n'existe pas là où n'existent ni aristocratie, ni corps politiques, ni classes politiques, ni pouvoirs locaux, ni assemblées provinciales et communales, ni corporations, ni associations, rien, enfin, de ce qui constitue les grandes influences sociales conduites et organisées. Dans ces conditions, aucun obstacle, aucune

résistance, aucune force morale ou autre ne paralyse,
n'affaiblit, ne détourne l'activité politique produite par
la liberté de la presse et concentrée exclusivement, comme
l'activité politique produite par les autres libertés, sur
le chef de l'État et la constitution. La liberté de la presse
devient ainsi, par la centralisation, la cause la plus puis-
sante, la plus énergique de cette activité politique toujours
à l'état de concentration et de congestion.

La toute-puissance de la presse ou, pour parler plus
exactement, des écrivains, a commencé, en France, avec
la centralisation. Dès l'époque où les libertés locales ont
disparu pour faire place à la centralisation, c'est-à-dire
bien avant la Révolution, c'est aux écrivains qu'est échu
le gouvernement des esprits. Les pouvoirs partiels et
locaux, les institutions libres, les classes politiques, les
corps politiques vivants, qui avaient, jusque-là, formé,
conduit l'opinion, n'existaient plus. Les écrivains prirent
leur place dans la direction de l'opinion publique. On ne
voit pas qui aurait pu leur disputer cette situation de
prépondérance ; ce n'est pas évidemment la noblesse
française, dont le crédit avait suivi la fortune et le pouvoir. La place qui avait été occupée par elle et par d'autres corps politiques dans la direction de l'opinion était
vacante ; les écrivains purent s'y étendre à leur aise et la
remplir seuls. A partir de ce jour, leur influence fut sou-

veraine et s'exerça sans partage : table rase avait été faite de toutes les institutions, de tous les pouvoirs, de toutes les forces régulières, de toutes les influences qui auraient pu entrer en lutte avec cette influence, lui résister, la neutraliser, la tenir en échec. Mais, à partir aussi de ce moment, l'activité politique produite par les écrivains ne pouvant plus s'exercer et s'user dans les luttes de la vie communale et provinciale, ne s'exerça plus que dans des questions de constitution et contre la royauté; c'est là qu'elle se concentra, qu'elle se condensa tout entière : de là l'affaiblissement et la chute de la monarchie.

Ainsi, c'est l'histoire qui nous montre la centralisation, dès son début, en France, faisant de la liberté de la presse une liberté dangereuse, et dirigeant contre la royauté et sa constitution toute l'activité produite par cette liberté.

III

Il est facile de pressentir que, par cet effet de la centralisation, toute l'activité politique de la nation se trouvant concentrée sur le chef de l'État et le condamnant à une fin prochaine, c'est le régime parlementaire qui est le plus incompatible avec la centralisation, puisque c'est le régime qui surexcite et qui développe au plus haut degré cette activité politique. Sous l'influence de la centralisation, toutes les libertés parlementaires sont comme autant de pièces d'artillerie toujours pointées sur le chef de l'État et la constitution ; elles ne sont que cela ; c'est en cela qu'elles sont mortelles.

C'est ainsi qu'en France, — le pays de la centralisation par excellence, et en tant que pays de centralisation, — le régime parlementaire ne peut pas être viable.

C'est par la centralisation, concentrant toute l'activité
politique de la France sur le roi ou sur l'Assemblée (quand
l'assemblée est le pouvoir suprême, comme sous la République), qu'ont péri la Restauration, le gouvernement de Juillet, la République de 1848. Je dis la République de 1848, parce qu'il n'est pas vrai qu'elle ait péri
par le coup d'État. Les coups d'État ne réussissent que
contre les gouvernements qui ne sont plus que des ombres
de gouvernement, qui sont déjà discrédités par leur im-
puissance et déjà minés par la désaffection générale.

La preuve que cette explication de la chute de nos divers gouvernements par la centralisation est la seule vraie,
c'est qu'en dehors de celle-là il n'y a que des explications
contradictoires et qui sont toutes l'œuvre de l'esprit de
parti. Chaque parti a sa manière d'expliquer chacune de
nos révolutions et veut y voir une confirmation de sa
politique et de ses principes. Ceux qui, par leurs opinions, se rattachent aux oppositions du temps de la Restauration et du gouvernement de Juillet, trouvent que ces
deux royautés ont succombé parce qu'elles ont trop résisté et qu'elles n'ont pas su faire des concessions. Ceux,
au contraire, qui, par leurs doctrines, par leur conduite,
sont comme les continuateurs des partis autoritaires de ces
époques, sont d'avis que les maisons de Bourbon et d'Or-
léans ont péri par les excès des oppositions réunies et

pour s'être mal défendues et n'avoir pas assez résisté.

D'autres, encore, quand on leur parle de la Restauration, ne manquent pas de dire aussitôt que c'est son origine, contemporaine d'un grand malheur national, qui a fait son impopularité et sa ruine. A quoi on ne manque pas non plus de répondre que le gouvernement de Juillet avait une origine relativement populaire, ce qui ne l'a pas empêché de finir, avec sa populaire origine, par la révolution de 1848, comme la Restauration avait fini, avec son origine impopulaire, par la révolution de 1830.

D'où il suit, sur ce dernier point, que l'origine des gouvernements n'a pas une grande influence sur leurs destinées. Il n'est pas de gouvernement, si impopulaire qu'ait été son origine, qui n'ait réussi, à un jour donné de son existence, à faire oublier son origine et qui ne l'ait, en quelque sorte, vaincue. Telle a été la Restauration en 1825 : elle n'en a pas moins succombé ; la cause de sa chute n'est donc pas dans son origine.

De même, il y a des gouvernements, comme le gouvernement de Juillet, que leur origine populaire n'a pas sauvés.

Ainsi, toutes ces explications de la chute des gouvernements se contredisent les unes les autres ; elles laissent la question tout entière et ne prouvent rien. Il ne s'agit pas de savoir si nos gouvernements ont été populaires ou impopulaires à leur origine, s'ils ont trop résisté ou s'ils n'ont pas résisté assez. La véritable question qu'il faut se poser est celle-ci : pourquoi, sous tous nos gouvernements, un jour fatal arrive-t-il où, du côté du pouvoir, comme du côté de l'opposition, les concessions deviennent impossibles et on s'engage dans une lutte désespérée aboutissant toujours à une révolution ? C'est que la centralisation concentrant toute l'activité politique de la nation sur un seul but, le chef de l'État, il vient inévitablement un moment où le chef de l'État s'aperçoit que c'est à l'existence même de son pouvoir, de sa dynastie qu'on en veut, qu'on s'attaque : il se met, dès lors, sur la défensive, il résiste, il lutte ; dès ce moment, c'est l'état de guerre entre lui et l'opposition : cet état s'envenime et s'aggrave rapidement. La situation arrive bientôt à ce point que toutes les luttes qui ont eu lieu, avec les violences, les injures, les défis qui se sont échangés, ont laissé de part et d'autre de telles blessures, de telles colères, de tels ressentiments, que tout rapprochement est désormais impossible ; il n'y a plus de concessions à espérer, ni de l'opposition, ni du gouvernement : chacun croit de son honneur de ne pas en faire ; chacun se sent trop compromis, trop engagé dans sa voie pour qu'il soit honorablement possible : à l'opposition, de faire un pas vers le gouvernement, et au gouvernement, de faire un pas vers l'opposition; c'est alors une lutte à outrance, ne pouvant plus finir que par la mise hors de combat de l'un ou de l'autre des combattants. Le vaincu, c'est toujours le chef de l'État, parce que c'est contre lui que la centralisation concentre et dirige toute l'activité politique du pays.

Cela est vrai, même pour le 2 décembre 1851. Le chef de l'État, à cette époque, ce n'était pas, en réalité, le président de la République ; la Présidence n'était pas le pouvoir suprême ; elle n'était pas l'expression la plus saisissante, la plus haute de la souveraineté ; elle n'était pas le pouvoir qui frappait le plus l'imagination, celui sur lequel se portaient tous les regards ; elle n'était pas le pouvoir le plus fort. C'était l'Assemblée législative qui était tout cela, qui était le pouvoir suprême, qui avait les droits et le rang de la souveraineté, qui en avait les inconvénients et les dangers : elle était le roi, et voilà pourquoi la centralisation concentra et dirigea toute l'activité de la nation contre elle, comme elle avait fait sous les précédents gouvernements ; elle s'exerça contre l'Assemblée comme elle s'était exercée contre les autres chefs de l'État et la condamna à la même destinée, car elle la fit responsable de tous les événements, de toutes les crises, de tous les maux. Le président de la République étant le moins fort était l'opprimé ; c'était l'opposition et, par conséquent, le pouvoir populaire : la victoire lui resta.

J'ai donc raison de dire que la centralisation est inconciliable avec le gouvernement parlementaire.

Les pays de centralisation ne peuvent supporter qu'une seule forme de gouvernement libre, la monarchie purement représentative, soumise au contrôle et non point au concours des assemblées. C'est une forme de gouvernement qui n'engendre pas l'état de lutte à outrance inséparable du gouvernement parlementaire; elle ne produit qu'une activité politique mesurée et sans danger.

IV

Ce que je veux dire, en m'exprimant ainsi, ce n'est pas que, dans les pays de décentralisation, tout soit pour le mieux et que les gouvernements n'y commettent pas de fautes, que leur politique y soit sans échecs, sans mécomptes, sans événements malheureux, sans difficultés, sans périls; ce n'est pas non plus que, dans les pays de centralisation, tout soit au plus mal, que les gouvernements n'y commettent que des fautes et que leur politique ne soit qu'échecs, mécomptes, événements malheureux, difficultés et périls de toutes sortes.

Je veux dire seulement ceci :

Sans doute, tous les gouvernements commettent des fautes, qu'ils soient des gouvernements de décentralisation ou de centralisation; pour tous, il y a des échecs, des mécomptes, des événements malheureux, des difficultés, des périls ; contre tous, le droit de dénoncer et de discuter ces fautes, ces échecs, ces événements est un droit incontestable et nécessaire. Mais la manière de les discuter est différente suivant qu'on est sous l'influence de la décentralisation ou de la centralisation.

Sous l'influence de la décentralisation, on discute les faits et les actes en eux-mêmes, pour eux-mêmes, et dans leurs rapports avec telle situation donnée ; on ne les examine qu'au point de vue de la conduite qui a été tenue ou qui est à tenir ; on n'en fait pas des questions de constitution ; les questions restent circonscrites sur le terrain des circonstances, des faits au milieu desquels elles se sont produites ; on ne met pas en cause et sur la sellette la constitution et le chef de l'État.

Sous l'influence de la centralisation, au contraire, on ne discute les faits et les actes qu'en les rattachant, en les ramenant, soit directement, soit indirectement, à quelque question ou considération constitutionnelle ; on ne les apprécie pas ; on ne les étudie pas en eux-mêmes, pour eux-mêmes et pour les bien connaître ; on les étudie, on les examine pour y chercher, pour en faire sortir des textes d'attaques contre la constitution et le chef de l'État. Toutes les discussions n'ont qu'un but : la mise en suspicion du pouvoir central.

La différence qui existe entre ces deux manières de discuter tient à la différence qui existe aussi, et que j'ai expliquée, entre les deux manières dont se produit et se comporte l'activité politique dans les pays de centralisation et les pays de décentralisation.

Avec la centralisation, tous les faits, tous les actes, tous les événements de la politique portent à la discussion de la constitution et du chef de l'Etat.

Avec la décentralisation, les mêmes faits, les mêmes actes, les mêmes événements ne portent qu'à la discussion de ces faits, de ces événements, de ces actes en eux-mêmes, et rien de plus.

C'est ainsi que, en France, ouvertement ou avec des habiletés de langage, et toujours par l'effet de la centralisation, les constitutions, les dynasties, les chefs de l'État, ont été mis en cause, attaqués, insultés, traînés sur la claie, cloués au pilori par les hommes politiques de tous les temps et de tous les partis. L'histoire nous les montre tous, à un jour donné de leur carrière, dans ce rôle d'accusateur public. Ils s'appellent, sous la Restauration, MM. de Chateaubriand, Royer-Collard, de Broglie, Foy, de la Fayette, Laffitte, Benjamin Constant, Casimir Périer, de Montlosier, Louis Courier, Sébastiani, Molé, Dupin; sous le gouvernement de Juillet, MM. Thiers, Guizot, Berryer, Odilon Barrot, Dufaure, Lamartine, Garnier-Pagès, Carrel, Cormenin, de Montalembert, Duvergier de Hauranne, Dupont (de l'Eure), Ledru-Rollin, Armand Marrast.

Ces noms prouvent que les accusateurs n'ont pas été seulement ceux qui, appartenant à des opinions antidynastiques, se trouvaient être comme les adversaires nés et naturels des pouvoirs établis. Les accusateurs ont été encore, et surtout, ceux-là mêmes qui avaient contribué à la fondation de ces pouvoirs, qui les aimaient, qui s'étaient dévoués à leur cause, et qui voulaient sincèrement les fortifier et les sauver. Il serait misérable et vulgaire de croire que c'est par ambition, par défaut d'intelligence ou de caractère, que ces hommes se sont laissé entraîner tous à une même politique d'implacable opposition et de coalition Ce ne sont pas évidemment des circonstances fortuites, des causes accidentelles ou personnelles qui peuvent expliquer comment de tels hommes, tous grands par quelque côté, ou par l'esprit, ou par la naissance, ou par la fortune, ou par la position sociale, ou par les lettres, ou par la tribune, ou par les services rendus, ont cédé tous aux mêmes entraînements, aux mêmes passions. Il faut qu'ils aient eu à obéir tous à une même cause profonde, organique, à une même loi, à une même nécessité. Ils voulaient tous la grandeur, la prospérité de la patrie; ils croyaient n'obéir qu'à des inspirations de leur foi politique et de leur patriotisme : ils n'obéissaient qu'à la loi de la centralisation ; la centralisation les poussait fatalement, les condamnait à la discussion du souverain, de la constitution et de la dynastie.

M. de Montalembert, le 10 février 1851, constatait, à la tribune, dans les termes suivants, cette tendance, ce caractère de nos hommes politiques et de nos discussions : « Ce sont les violences de nos luttes parlementaires qui ont tué, tour à tour, deux monarchies, en tuant le respect pour l'autorité. Ce n'est pas l'émeute de la rue, ce sont les hommes politiques qui ont fait nos révolutions. Et après tant d'expériences désastreuses, ces mêmes hommes, les voilà qui recommencent leur œuvre de destruction sur un terrain mal affermi. Et ces hommes s'appellent défenseurs du gouvernement parlementaire ! Ah ! bien loin de le défendre, ils le feraient plutôt détester de toute la France. Quand, après tant de catastrophes produites par la même cause, le pays voit recommencer les mêmes manœuvres, par les mêmes mains, sous les mêmes chefs, il ne peut plus prendre goût à ce jeu qui n'est plus, à ses yeux, ni sérieux, ni sincère. Je vous adjure de renoncer à ces jeux mortels ; prenez garde que, fatigués de ce spectacle, les paysans ne disent un jour : « Voyez ces blancs que nous avons nommés ; ils se sont « disputés entre eux et n'ont rien fait ; nommons des

« rouges ! » Et alors ce ne sera plus l'Empire que vous aurez à craindre, mais le socialisme légal, organisé, irremédiable. »

Il faut ajouter le témoignage de M. Guizot lui-même, qui, racontant, dans ses *Mémoires*, les luttes parlementaires de 1839 et 1840, et voulant en apprécier le caractère, s'exprime ainsi : « Nous avions manqué de mesure et de prévoyance ; nous étions tombés *dans le tort commun des partis dans le régime parlementaire, l'exagération.* »

V

En Angleterre, comme dans tous les pays de décentralisation, c'est un autre spectacle. Qu'on se rappelle les
débats mémorables auxquels ont donné lieu les plus
grands actes de la politique anglaise : les questions de
paix et de guerre, pendant notre première Révolution et
le premier Empire; l'émancipation des catholiques, la
réforme des céréales, et tout récemment l'abolition de
l'Église d'État d'Irlande. Ce qu'on a discuté, dans ces
solennelles et magnifiques assises du parlementarisme
utile, honnête et national, c'est la conduite, c'est l'attitude du gouvernement, et rien de plus. On a examiné si
cette conduite, si cette attitude, répondaient à la situation
présente de l'Europe et à l'état des esprits; on ne s'est
préoccupé des actes et on ne les a appréciés qu'au point
de vue des actes eux-mêmes et dans leurs rapports avec

la situation au milieu de laquelle ils se sont produits. On a
accusé le gouvernement d'inconséquence, d'ambition,
d'aveuglement, de témérité, d'imprévoyance, d'irrésolu-
tion, de honteux calculs...; on a dit tout cela, même avec
vivacité, avec colère, mais on n'a dit que cela. On n'a
engagé dans le débat ni le chef de l'État, ni la constitution. La discussion est restée dans cette mesure; le
champ en était assez vaste, et la liberté anglaise s'en est
toujours contentée; il ne lui est jamais arrivé de mettre
en cause et de prendre à partie la royauté et la constitution. Elle n'a jamais éprouvé le besoin, pour expliquer,
pour combattre telle situation, telle politique donnée,
d'accuser et de discuter le roi, ou la reine, ou la
charte.

La discussion se maintient dans ces limites par la
raison que j'en ai donnée, et aussi parce que, à cause de
la décentralisation, les citoyens, habitués à constater,
par une expérience journalière, les difficultés du gouvernement de leurs villes, sont préparés à comprendre celles
qu'entraîne le gouvernement de l'État; ils n'ont pas devant l'autorité cette propension frondeuse et tracassière,
qui caractérise les peuples exclus de toute participation
aux affaires publiques; ils apprennent de bonne heure à
lire dans les faits, dans les événements, dans les mouve-
ments de l'opinion. Ils sont trop aux prises, tous les jours,

avec les difficultés, avec les mécomptes inséparables de
la gestion des grands intérêts qu'ils ont dans leurs mains,
pour ne pas avoir la conscience de ces difficultés, pour
ne pas sentir toute l'étendue, tout le poids de la responsabilité dans la gestion des intérêts de la politique générale; pour ne pas être, dans leur appréciation de ces
intérêts, modérés, sages, patients; pour ne pas comprendre, enfin, qu'en faisant intervenir, dans la discussion de tous les actes d'un gouvernement, la constitution
même de ce gouvernement, son origine, son principe, le
chef de l'État, sa dynastie, sa famille..., on livre bientôt
au mépris public ce gouvernement, ce chef de l'État,
cette constitution, cette dynastie, et on court à des révolutions nouvelles.

Ainsi, c'est un point qu'il faut retenir : toutes les con-
séquences de la centralisation s'engendrent fatalement
les unes les autres : c'est, d'abord, toute l'activité politique concentrée sur un seul but, le chef de l'État; c'est,
par suite, le chef de l'État toujours discuté et, à force
d'être discuté, n'inspirant plus de respect, perdant tout
prestige, affaibli dans l'opinion, impopulaire, voulant
résister, se défendre, se défendant mal parce que,
n'ayant pas conscience d'être soutenu par le sentiment
public, s'apercevant que la nation n'a plus confiance ni
foi en lui, il perd, à son tour, sa propre confiance, sa foi

en lui-même, dans sa cause, dans sa destinée, et il s'abandonne comme on l'abandonne.

C'est donc la centralisation qui fait la faiblesse, l'impopularité, les défaillances et la ruine des gouvernements.

J'entends l'objection : ce n'est pas, dit-on, la centralisation qui fait l'impopularité et la ruine des gouvernements : ce sont leurs fautes, et seulement leurs fautes.

Je réponds que cela n'est pas exact. Tous les gouvernements, quels qu'ils soient, commettent des fautes, et ils
en commettent tous d'également graves. Leur existence à
tous serait donc précaire et de courte durée ? Non ; telle
n'est point la vérité ; la vérité, la voici : ce qui fait l'impopularité des gouvernements et leur ruine, ce ne sont pas
leurs fautes : c'est la manière dont ces fautes sont exploi-
tées contre eux. Or, par la centralisation, je l'ai dé-
montré, les fautes commises tournent toutes, non point
à la discussion des fautes en elles-mêmes, mais à la
discussion et à la prise à partie du chef de l'État et de la
constitution. Voilà la centralisation.

Ici, se présente d'elle-même la réponse qui peut être
faite à M. Renan lorsque, dans sa récente et remarquable
étude sur *la Monarchie constitutionnelle*, il dit, non sans
quelque mélancolie : « *Fata viam invenient !* Heureux qui
peut, comme Boèce, sur les ruines d'un monde, écrire sa
Consolation de la Philosophie ! L'avenir de la France est

un mystère qui déjoue toute sagacité. Certes, d'autres pays agitent de graves problèmes : l'Angleterre, avec un calme qu'on ne peut assez admirer, résout des questions hardies qui chez nous passent pour le domaine des seuls utopistes ; mais partout le débat est circonscrit, partout il y a une arène limitée, des lois du combat, des hérauts et des juges. Chez nous, c'est la constitution même, la forme et jusqu'à un certain point l'existence de la société qui sont perpétuellement en question. Un pays peut-il résister à un tel régime? Voilà ce qu'on se demande avec inquiétude. »

M. Renan, dans ce passage et dans d'autres passages de son étude, laisse voir les pressentiments qui alarment son patriotisme et qui n'ont pas d'autre cause que celle que je dénonce depuis si longtemps. Si l'Angleterre, si d'autres nations agitent, sans péril, « les plus graves problèmes, les questions les plus hardies, » si « partout le débat est circonscrit, » si « partout il y a une arène limitée, des lois du combat, » cela tient à ce que tous ces pays sont des pays de décentralisation, et que là, par les raisons que j'ai exposées, les questions, quelles qu'elles soient, n'excitent les esprits qu'à la discussion des questions en elles-mêmes et ne les excitent jamais à la discussion de la constitution et du chef de l'État. Si « chez nous, c'est la constitution même, la forme et jusqu'à un certain point l'existence de la société qui sont perpétuellement en question, » c'est que nous sommes un pays de centralisation, et que là toutes les questions excitent les esprits à la discussion de la constitution et du chef de l'État ; j'ai montré pourquoi.

Quant à la question que se fait M. Renan : « Un pays peut-il résister à un tel régime ? »

Je réponds : Je ne le crois pas.

C'est pour cela que j'écris, et qu'il faut écrire, quand on ne peut pas faire autre chose.

C'est pour cela que j'appelle de tous mes vœux un autre régime, et que je dis qu'il faut opter entre les deux termes ci-après.

VI

La question politique de notre temps se pose ainsi :

Ou la monarchie parlementaire avec la décentralisation ;

Ou la monarchie purement représentative avec la centralisation.

Hors de là, c'est la révolution.

Ou l'on veut le gouvernement parlementaire, et alors il faut renoncer à la centralisation ;

Ou l'on veut la centralisation, et alors il faut renoncer au gouvernement parlementaire.

C'est l'un ou l'autre ; il n'y a pas de milieu ; il faut opter.

Le problème doit se poser de la sorte et non autrement ; on veut le poser autrement depuis plus d'un demi-siècle :

on le tente en vain ; on s'obstine à vouloir faire des essais de gouvernement parlementaire avec la centralisation ; mais depuis plus d'un demi-siècle aussi, le problème, ainsi posé, se débat dans les ruines et dans le sang.

Le mal vient de ce qu'on ne veut pas comprendre qu'un pays de centralisation comme la France est un pays organisé pour être administré, et que c'est une anomalie, un contre-sens, de vouloir le traiter, depuis 1814, comme s'il était organisé pour être représenté ! On prétend greffer, sur un système de centralisation exclusivement destiné à administrer, un système de libertés exclusivement destiné à représenter ! On croit encore à la possibilité de mettre face à face et de faire vivre en bonne intelligence, dans une même constitution et chez le même peuple, les deux éléments les plus antipathiques, les plus contraires, les plus inconciliables : la centralisation, qui est une organisation pour administrer, et les libertés parlementaires, qui sont des institutions pour représenter. De là des contradictions, des chocs, des malentendus, des conflits, des antagonismes, l'agitation, la désaffection, l'opinion inquiète et les pouvoirs publics en dissolution.

M. de Villèle, en 1818, disait : « On veut nous faire jouir des avantages d'un gouvernement constitutionnel, et on conserve précieusement le système d'administration qui peut lui être le plus funeste, *un système qui appelle, qui concentre à Paris toute l'activité politique de la France, et contre quoi, contre qui? Contre le gouvernement, contre le roi.* »

M. Guizot, l'une des personnifications les plus illustres du système qui a épuisé la France dans de vains essais de conciliation entre le gouvernement parlementaire et la centralisation, M. Guizot, lui-même, laisse échapper, dans ses *Mémoires*, l'aveu suivant : « *Le désaccord naturel est grand*, dit-il, *entre le gouvernement représentatif institué par la Charte et la monarchie administrative fondée par Louis XIV et Napoléon*. Là où l'administration est libre comme la politique, quand les affaires locales se traitent et se décident par des autorités ou des influences locales, et n'attendent ni leur impulsion, ni leur solution du pouvoir central, qui n'y intervient qu'autant que l'exigent absolument les affaires générales de l'État, en Angleterre et aux États-Unis d'Amérique, en Hollande et en Belgique, par exemple, le régime représentatif se concilie sans peine avec un régime administratif qui n'en dépend que dans d'importantes et rares occasions. *Mais quand ce pouvoir supérieur est chargé à la fois de gouverner avec la liberté et d'administrer avec la centralisation*, quand il a à lutter au sommet pour les grandes affaires de l'État, et en même temps à régler partout, sous sa responsabilité, presque toutes les affaires d'un pays, *des inconvénients graves ne tardent pas à éclater...* »

Dans un écrit publié, en 1850, sous ce titre : *La Révision de la constitution*, et dont l'auteur anonyme n'a jamais été ignoré du monde politique, on lit : « En présence de cette tendance constante du pouvoir central à s'élever, à s'accroître, qui est le caractère propre et distinctif de la marche politique de la France, on est forcé d'avouer que ce fut méconnaître complétement les tendances historiques du pays, ses traditions, ses mœurs, le génie de son gouvernement, que de lui donner, en 1814, les institutions de l'Angleterre. L'histoire prouve que la marche politique de l'Angleterre fut toujours entièrement différente de la marche de la France, et ce qui fut, chez nous, l'œuvre de l'initiative et des efforts de la royauté, fut, chez les Anglais, l'œuvre de l'initiative et des efforts de l'aristocratie. De même qu'un pouvoir central, élevé et libre, est conforme au développement historique de la France, à son existence, et à son génie comme nation, de même un pouvoir royal modéré, dominé, dirigé par les grands corps de l'État, est propre à l'histoire, à la tradition et au caractère politique de la Grande-Bretagne... Ce fut donc un contre-sens historique, imprudent et dangereux, que le système de libertés établi, à l'imitation du gouvernement anglais, par les Chartes de 1814 et 1830. »

M. Louis Blanc, dans son *Histoire de Dix ans*, exprime la même pensée en ces termes : « Le régime constitutionnel de 1814 et de 1830, que des sophistes ignorants avaient fait prévaloir en France, renfermait *un problème insoluble*. Car, vouloir une royauté vivante à côté d'une aristocratie morte, c'est-à-dire avec la centralisation, c'était vouloir que la tête vécût séparée du corps, c'est-à-dire l'impossible... Voilà, cependant, ce que la bourgeoisie demandait : *une royauté solitaire et inquiète au sommet d'une société mouvante, manquant de splendeur, aussi bien que d'entourage et de point d'appui.* »

C'est là le péril, et c'est là ce qu'on ne veut pas voir.

Ce qu'on ne voit pas non plus, c'est que l'esprit de suite, qui est l'une des premières et fondamentales obligations de tout gouvernement, ne peut exister pour les gouvernements parlementaires que dans les pays de décentralisation ; là, en effet, l'esprit de suite résulte de l'existence même de ces grands corps traditionnels qui reçoivent et perpétuent la pensée des administrations antérieures. Au contraire, il n'y a pas d'esprit de suite possible pour les gouvernements parlementaires dans les pays de centralisation, parce que là il n'y a pas de grands corps, de grands intérêts traditionnels et permanents ; tout y est mobile, variable et transitoire.

Cela devrait encore appeler l'attention et la méditation ; on n'y songe pas.

A quoi songe-t-on ?

VII

On donne au Corps législatif le droit d'initiative, le droit d'élire son président, le droit d'interpellation, le droit de faire et de défaire les ministres, le droit de proposer des ordres du jour motivés, le droit de poser des questions de cabinet...; on fait des crises ministérielles, on rédige programmes sur programmes, on cherche une majorité, on forme une opposition constitutionnelle, on s'appelle la droite, le centre droit, le centre gauche, la gauche dynastique...; on veut des discours, on demande des orateurs; l'éloquence, de nouveau, se sert de but à elle-même; on sort du Palais-Bourbon en disant : « Il a bien parlé. »

Et puis après?

En quoi tant de lois, tant de constitutions, tant de

discours que l'on fait, défait et refait, sont-ils la fondation du gouvernement parlementaire, si ce gouvernement continue de manquer de sa condition d'existence, la décentralisation?

En quoi cela prouve-t-il qu'il peut suffire d'un décret, d'une loi, d'un sénatus-consulte pour établir un nouveau système politique, sans qu'il soit besoin d'adapter à ce système la seule organisation politique qui puisse le faire vivre?

En quoi, l'action de la centralisation restant la même, la situation vaut-elle mieux et présente-t-elle une difficulté de moins ? En quoi la grande voix du suffrage universel menace-t-elle moins de devenir l'instrument des menées et des violences des partis ?   .

En quoi l'activité politique du pays suspend-elle son mouvement de concentration sur l'Empereur, sur lui seul, toujours sur lui?

En quoi les changements de ministres, tant que dure le vice organique dont nous sommes affectés, en quoi ces changements sont-ils des améliorations, si éminents, si indépendants, si honorables que puissent être les hommes d'État dépositaires du pouvoir? En quoi, depuis 1814, cette prodigieuse consommation de ministres a-t-elle retardé, empêché une révolution ?

Devant ces réalités menaçantes, il ne suffit pas, pour se rassurer, d'une tentative nouvelle de conciliation des libertés parlementaires avec la centralisation.

Illusions que tout cela ! illusions funestes !

On ne voit pas que, les libertés parlementaires du sénatus-consulte du 12 juillet devant accroître l'activité politique dans d'incalculables proportions, et cette activité, ainsi accrue, ainsi centuplée, devant continuer, par la centralisation, de se concentrer, de s'exercer, de se condenser tout entière sur l'Empereur et la constitution, il en résultera que cette force de concentration et de condensation sera également accrue et centuplée et deviendra, dès lors, une cause encore plus active, plus profonde, d'affaiblissement et d'effondrement du pouvoir.

Sous l'influence de cette cause, toutes les questions, tous les faits, tous les événements, tournent à la discussion, à l'accusation du chef de l'État et de la constitution. L'initiative parlementaire ne s'exerce que dans des propositions de projets de loi ayant pour but, non point le développement du bien-être moral et matériel des populations, mais l'extension de leurs droits politiques. C'est la discussion en permanence des droits de l'homme et du citoyen. Les séances du Corps législatif ne sont plus que rarement des séances d'affaires ; elles sont

presque toutes remplies par des interpellations sur l'événement, sur l'incident du jour ou de la veille, et ces
interpellations ne sont que des accusations retentissantes
pour passionner l'opinion. Il en résulte que les esprits,
ainsi entretenus dans un état continuel d'ébullition par
l'exaltation incessante du sentiment du droit et de la personnalité, sans qu'il soit jamais fait appel au sentiment
du devoir, sont toujours à l'état de matière inflam-
mable, prête à prendre feu au moindre choc, au moindre
accident.

Ces chocs, ces accidents, qui déterminent l'explosion,
peuvent se produire à chaque heure. Les émotions ré-
centes que nous avons traversées pourraient suffire à
démontrer que, de nos jours, l'imagination populaire est
à la merci de tous les hasards.

En dehors de ces brusques surprises, et toujours sous
l'influence de la même cause, il faut prévoir aussi ce
qui peut se dégager des luttes et des coalitions inévitables
entre les personnalités importantes qui prendront naissance dans le parlement et qui s'empareront de l'opinion.
Il faut prévoir encore ce qui peut sortir de l'opposition
constitutionnelle grossissant et gagnant tous les jours en
nombre et en autorité, parce que l'opinion se dira : « Voilà
des hommes dont le dévouement à l'Empire ne peut pas
être suspect; plusieurs d'entre eux sont ses amis de la

veille ; plusieurs ont contribué à sa fondation ; tous ou presque tous sont considérables par leurs positions sociales, ou par leurs talents, ou par les grands intérêts dont ils disposent ; tous sont intéressés au maintien, à la conservation du gouvernement ; tous ont affirmé, prouvé, dans toutes les occasions, leur attachement à la dynastie impériale. Il faut donc que la politique du gouvernement soit, en réalité, bien mauvaise pour que de tels hommes la combattent et soient dans l'opposition. »

Ainsi grandissent les oppositions constitutionnelles : aussi deviennent-elles, dans les pays où existent des oppositions antidynastiques, le plus grand péril des gouvernements. Comme les oppositions constitutionnelles sont les seules qui aient de l'autorité, leurs attaques ont vite ruiné les gouvernements dans l'opinion ; elles minent, préparent le sol pour la révolution. Quand les oppositions antidynastiques voient le sol suffisamment miné et préparé par les oppositions constitutionnelles, elles apparaissent soudain sur le premier plan et s'emparent du premier rôle, qu'elles ont laissé prendre jusque-là par les oppositions constitutionnelles. Elles apparaissent pour lancer l'étincelle qui doit enflammer la matière préparée par les oppositions dynastiques. De là cette vérité, que, en France, ce sont les oppositions constitutionnelles qui

préparent les révolutions, et ce sont les oppositions antidynastiques qui en profitent.

En France, c'est en souriant et en devisant sur la
liberté que les oppositions dynastiques conduisent le
deuil des dynasties.

VIII

Voilà ce que nous avons vu, et ce que nous reverrons, si nous laissons subsister la cause du mal que je signale. Le temps est passé où l'on peut, sans danger, se dissimuler la gravité de la situation ; il faut l'envisager telle qu'elle est, avec ses moyens de salut, mais avec tous ses périls aussi.

Avant tout, il faut savoir, non pas tout accorder à la cause qui triomphe, mais aller résolûment au secours de la cause qui est menacée. Il ne faut pas céder tour à tour aux courants les plus contraires et leur céder tout.

Devant le courant d'adhésion sorti de l'acte du 2 décembre 1851, nous avons tout sacrifié, jusqu'à la liberté. C'est à cette époque, cependant, où le pouvoir était fort, qu'il eût fallu faire de la liberté pour en préparer le règne paisible et durable ; c'est alors qu'il y aurait eu du courage et de l'esprit politique à plaider la cause de la liberté. Combien en a-t-on compté de conservateurs prévoyants et courageux qui aient fait entendre un tel langage et tenu une telle conduite? combien, au contraire, qui ont laissé faire de la politique d'autorité et des excès d'autorité, et qui ont applaudi!

Aujourd'hui, devant le courant d'opposition sorti du décret du 24 novembre 1860, nous sommes en train de tout sacrifier, jusqu'à l'Empire lui-même. C'est maintenant, que le pouvoir est faible, qu'il faudrait faire de la politique d'autorité pour sauver l'autorité et la liberté d'un imminent et irréparable désastre ; c'est à cette heure qu'il y aurait du courage et de l'esprit politique à plaider la cause de l'autorité. Combien en compte-t-on de conservateurs prévoyants et courageux qui fassent entendre un tel langage et osent tenir une telle conduite? combien, au contraire, qui se laissent aller au courant qui nous emporte, au lieu de chercher à le contenir et à le diriger, qui le précipitent même et lui livrent tout comme ils livraient tout au courant autoritaire de 1852! Il semble que c'est à qui désarmera le plus vite le pouvoir et lui arrachera une de ses prérogatives, un de ses droits, un de ses moyens de défense, une de ses conditions d'existence. Les projets de lois émanés de l'initiative parlementaire et déposés chaque jour sur le bureau de la Chambre ne sont-ils pas tous, ou presque tous, comme autant de coups de pioche dans les assises du trône impérial?

On dirait l'Empire au pillage !

Sans doute, ce n'est pas la faute des hommes, ni du gouvernement parlementaire en lui-même; c'est la faute de ce système de gouvernement en tant que fonctionnant dans un pays de centralisation. Dès lors, en effet, les libertés parlementaires laissant le pouvoir trop faible, et les pouvoirs trop faibles conduisant toujours aux révolutions, l'affaiblissement de l'autorité du chef de l'État ne profite pas à la liberté, les libertés parlementaires ne sont pas la fondation de la liberté, et c'est en ce sens que je dis qu'elles ne sont, en ce cas, que l'autorité au pillage; loin de fonder la liberté, elles l'éloignent et la compromettent en provoquant toutes les variétés de dictature des révolutions. Avec la décentralisation, au contraire, le régime parlementaire est bien toujours l'amoindrissement de l'autorité du chef de l'État au profit de l'autorité du parlement; mais l'autorité du chef de l'État reste assez forte, et la liberté se trouve fondée.

IX

On se persuade, parce qu'il n'y a pas d'émeute, parce que les pavés restent à leurs places, que tout est pour le mieux, que tout est sauvé, que le régime parlementaire est fondé, que l'expérience est concluante, et qu'il n'y a qu'à continuer de marcher dans la même voie. La politique serait, en vérité, la plus facile des sciences, si chaque faute des gouvernements, chaque mécontentement de l'opinion, chaque péril, se traduisaient immédiatement par un trouble matériel dans la rue; les gouvernements verraient tout de suite la faute commise, le mécontentement produit, le péril qui les menace, et ils changeraient aussitôt de politique. Mais la science politique, quoique tout le monde y prétende, est, au contraire, la plus difficile de toutes les sciences, parce que, précisément, elle consiste

surtout à discerner, à découvrir chaque faute, chaque mécontentement, chaque péril, à travers la tranquillité publique et les mirages de la prospérité matérielle.

C'est pour cela que les temps d'émeute sont souvent
les temps de force des gouvernements; ils voient le danger, ils le touchent, pour ainsi dire; et c'est à le con-
jurer, dès lors, c'est à le détourner que s'appliquent leur
politique et leur volonté; ils savent ce qu'ils veulent et
ce qu'ils ne veulent pas; ils ont une politique ferme et
décidée. Les majorités parlementaires, de leur côté, devant le péril qu'elles ont sous les yeux, savent aussi ce
qu'elles veulent, ce qu'elles ne veulent pas, et dans quelle
voie elles doivent s'engager. Elles restent compactes et
résolues. Telle a été la période de 1830 à 1840.

Au contraire, les temps calmes sont presque toujours
les temps de faiblesse des gouvernements. Les mouve-
ments de l'opinion ne se manifestant à eux sous aucune
forme matérielle, rien ne les avertit des fautes qu'ils peuvent commettre et des courants d'opinion qui en résultent.
Ils sont donc exposés et enclins à croire que, l'ordre
n'étant pas troublé, c'est la preuve qu'ils sont forts, qu'ils
n'ont pas commis de faute, que leur politique est bonne et
qu'ils n'ont qu'à y persévérer. Pendant ce temps, ils ne
s'aperçoivent pas du travail souterrain de l'opinion sous
les couches populaires; ils voient la surface calme, et ils

en concluent que le fond est calme aussi. Ils s'infatuent d'eux-mêmes et s'endorment dans une trompeuse sécurité.

Les majorités des assemblées se font les mêmes illusions ; elles croient que tout va bien et qu'il n'y a aucun danger à redouter, puisque la rue est tranquille ; trop rassurées, dès lors, et n'apercevant plus de péril qui leur fasse sentir la nécessité de rester unies et indissolubles dans l'intérêt d'une défense commune, elles se divisent, se subdivisent, se fractionnent à l'infini, s'affaiblissent, deviennent hésitantes, irrésolues, ne sachant plus ce qu'elles veulent et où elles vont ; elles s'enivrent de leur souveraineté ; ne s'occupent plus que d'elles-mêmes, de querelles intérieures, de luttes de personnes et d'ambitions. C'est, entre les divers chefs parlementaires, l'époque des coalitions et des ruptures, avec la suite sans fin de coalitions nouvelles et de ruptures nouvelles, de rapprochements nouveaux et de nouvelles séparations ; c'est le pays apprenant, à ce spectacle offert par les assemblées, que ce n'est pas pour lui, pour ses intérêts, qu'elles s'agitent, mais pour leur propre compte, pour leurs passions, pour des intérêts de parti et de coterie, de rivalité et de vanité ; c'est le peuple, à ce même spectacle, finissant par se détacher, par se désintéresser d'institutions qu'il voit n'avoir pas été faites pour lui et n'avoir pas d'une immense enquête ouverte sur tous les points du territoire ; qu'ainsi présente au milieu des populations, elle les observe, les étudie, les entende, les écoute ; qu'elle recueille tous les témoignages, tous les renseignements, tous les documents, toutes les observations pouvant aider à la solution du problème ; qu'elle n'oublie pas qu'il s'agit de savoir dans quelle mesure, sans compromettre l'unité nationale, on peut reconstituer la province, la commune, la famille, de manière à créer des influences locales, des pouvoirs locaux, des corps politiques intermédiaires, des centres politiques partiels qui empêchent que désormais l'opinion soit formée exclusivement par la presse, par la tribune, par Paris, par le gouvernement; qui concourent à sa formation et qui fassent qu'il y ait ainsi une opinion, une nation pouvant exister en dehors de l'action exclusive de la presse, de la tribune, du gouvernement et de Paris.

Qu'après ce travail d'information de la commission, et lorsque le dossier de cette question si complexe et si politique de la décentralisation sera complet, le Corps législatif soit saisi d'un projet de loi de décentralisation qui maintienne dans la dépendance du pouvoir central les grands intérêts généraux et nationaux, et qui abandonne tout le reste à la province, à la commune. Que la primauté, que l'urgence soient accordées à ce projet de loi entre tous les autres projets : il n'y en a pas d'autres auxquels soient liés au même degré notre sécurité et notre liberté.

Plus nous ajournons, et plus s'accumulent et s'aggravent les difficultés, les périls inséparables de cet état de promiscuité du régime parlementaire et de la centralisation qui a fait dire à M. de Tocqueville[1] : « Les politiques de 1814 et de 1830 entreprirent *de mêler ensemble une centralisation sans bornes et un corps législatif prépondérant,* l'administration de la bureaucratie et le gouvernement des électeurs. La nation en corps eut tous les droits de la souveraineté ; chaque citoyen en particulier fut resserré dans la plus étroite dépendance; à l'une, on demanda l'expérience et les vertus d'un peuple libre; à l'autre, les qualités d'un bon serviteur. C'est *ce désir d'introduire la liberté politique au milieu d'institutions et d'idées qui lui étaient étrangères ou contraires,* mais dont nous avions déjà contracté l'habitude ou conçu par avance le goût, qui, depuis soixante ans, *a produit tant de vains essais de gouvernements libres, suivis de si funestes révolutions.* »

Au contraire, si nous croyons que la France ne peut pas renoncer à la centralisation, parce que la centralisation est conforme à son génie, à son histoire, à ses

---

[1] *L'Ancien Régime et la Révolution.*

traditions, à sa nature, à ses tendances, à ses croyances, soit ! Mais alors qu'il ne soit plus question du régime parlementaire. Établissons résolûment, irrévocablement, sans esprit de retour, le gouvernement représentatif proprement dit, soumis au droit de contrôle et non point au concours des assemblées; fortifions ce droit de contrôle, armons-le des plus indestructibles garanties d'indépendance et de sincérité. Il dépendra de nous d'en faire sortir la liberté.

Si toute la liberté nécessaire n'est pas sortie de la constitution de 1852, si le droit de contrôle n'a pas été exercé comme il aurait dû l'être, ce n'est pas que cette liberté et ce droit ne fussent pas contenus dans la Constitution; ce n'est pas la faute de la Constitution, c'est la faute des hommes; il faut ajouter que cette faute des hommes est la faute des circonstances et des temps. C'est ce qu'explique, avec autant de profondeur que de vérité, M. Thiers, dans son *Histoire du Consulat et de l'Empire.* « Au lendemain des désordres et des révolutions, dit-il, la politique qui naît des circonstances, c'est, non pas la politique de liberté, mais la politique de *réparation*..... Il y a des temps où contredire est la tendance dominante; d'autres, où le goût d'adhérer est général; on était alors porté à l'*adhésion* »

Or, la période qui a suivi le 2 décembre 1851 a été une

période de *réparation* et d'*adhésion*. La nation avait vu
l'anarchie dans les pouvoirs publics et dans la rue ; elle
était effrayée, découragée. Devant un gouvernement régu-
lier qui s'établissait, elle s'est trouvée portée à l'adhésion
et à une politique de réparation. « La constitution de 1830
n'aurait pas donné des résultats différents ; car l'esprit
du temps fait plus que la loi écrite. » C'est encore
M. Thiers qui le dit.

Dans tous les cas, qu'on se hâte, qu'on prenne un
parti entre les deux seuls partis à prendre ! Qu'on en
finisse avec ces énervantes expériences dans lesquelles
s'épuisent et déclinent les nations et les gouvernements !
Qu'on cesse de rêver l'alliance impossible et contre nature
du régime parlementaire et de la centralisation !

N'ajoutons pas, par la centralisation, aux difficultés,
déjà si grandes en France, de l'établissement du gouvernement parlementaire. N'oublions pas que la France est
peut-être le seul pays du monde où la monarchie parlementaire soit obligée de vivre avec les éléments les plus
capables de lui donner la mort : avec le suffrage universel,
avec des prétendants, avec des oppositions antidynastiques, avec la centralisation, avec un peuple qui est tout
âme, tout sentiment, tout action ; qui sent quand les autres pensent, qui agit quand les autres délibèrent ; chez
qui l'action devance la pensée, et le sentiment devance

l'action; qui est terrible dans ses écarts, extrême dans ses vertus; qui n'est fait ni pour les demi-désordres, ni pour les demi-vertus, ni pour les demi-revers, ni pour les demi-gouvernements; dont les bonnes qualités ont leur source en lui-même, et dont trop souvent les défauts proviennent de ceux qui le gouvernent; au cœur duquel il faut parler plutôt qu'à sa raison; à qui on doit donner des sentiments et non des opinions; qui a besoin que ses gouvernements se défendent de tout changement, de peur d'ajouter à la mobilité naturelle de ses goûts par les variations d'une administration irrésolue; qui exige que rien ne change autour de lui, si on ne veut pas qu'il change lui-même; que rien ne soit déplacé, si on ne veut pas qu'il renverse tout.

C'est trop de périls pour la France; écartons au moins le péril de la centralisation.

Il ne faut pas désespérer du régime parlementaire, malgré ses orages et ses mécomptes dans le passé : seulement, il faut le vouloir avec ses véritables conditions d'existence. Ne nous berçons plus d'illusions. Quand une crise est passée, un mouvement populaire réprimé, l'ordre rétabli, quand certains partis sont vaincus, ne disons plus : « C'est fini, nous voilà tranquilles pour longtemps. » Tant que nous aurons, dans notre constitution, les libertés parlementaires et la centralisation, le mot de Napoléon Ier à un courtisan sera profondément vrai. Ce courtisan lui disait que le parti de la révolution et le parti de l'ancien régime étaient des partis finis. Napoléon répondit : « Rien ne finit en France, excepté les gouvernements. »

PARIS. — IMP. SIMON RAÇON ET COMP., RUE D'ERFURTH, 1.